CATALOGUE

D'UNE

JOLIE COLLECTION

DE

TABLEAUX

ANCIENS

DES

Écoles Flamande, Hollandaise, Française, Italienne et Anglaise

RÉCEMMENT ARRIVÉS DE L'ÉTRANGER

DONT LA VENTE AUX ENCHÈRES PUBLIQUES AURA LIEU

HOTEL DES COMMISSAIRES-PRISEURS

Rue Drouot, n° 5

SALLE N° 4

Le Vendredi 25 Novembre 1859,

A 1 HEURE TRÈS-PRÉCISE

Par le ministère de M° **DELBERGUE-CORMONT**, Commissaire-Priseur,
rue de Provence, 8,
Assisté de M. **DHIOS**, Expert, rue Le Peletier, 33,
CHEZ LESQUELS SE DISTRIBUE LE CATALOGUE.

EXPOSITION PUBLIQUE

Le Jeudi 24 Novembre 1859, de midi à 5 heures.

PARIS
RENOU ET MAULDE
IMPRIMEURS DE LA COMPAGNIE DES COMMISSAIRES-PRISEURS
Rue de Rivoli, 144.

1859

DÉSIGNATION
DES TABLEAUX

ÉCOLE
Flamande et Hollandaise

ARTOIS (Jacob Van).

1 — Paysage, sur le devant des pèlerins font la conversation

DU MÊME.

2 — Paysage avec chasseurs.
Pendant du précédent. Les figures de ces deux tableaux rappellent la touche de D. Teniers.

BACKUISEN (Ludolf).

3 — Combat naval.

DU MÊME.

130   4 — Marine.

BOTH (Genre de Jean).

7   5 — Paysage, sur le devant un paysan conduit un âne.

BREUGHEL (Johann).

16   6 — Paysage avec moulins au bord d'une rivière.

DU MÊME.

19   7 — Bandits surpris par des soldats.

DU MÊME.

12   8 — Paysage, villageois conduisant des moutons.

DU MÊME.

10   9 — Paysage boisé.

DU MÊME.

12   10 — Paysage avec pèlerins.

CUYP (Albert).

190   11 — La Plage de Schvelingen.

DU MÊME.

26   12 — Cavaliers et Bestiaux passant sur un pont.

DAEL (Signé VAN).

13 — Corbeille de pêches, raisins et poires.

DUSART (CORNÉLIUS).

14 — Le Montreur d'images.

DYCK (Attribué à ANTOINE VAN).

15 — L'Enfant Jésus sommeillant sur les genoux de sa mère.

SPRONG (G.).

16 — Le Peintre avec sa famille.

FERG (Attribué à PAUL).

17 — Paysage. Sur le bord d'une rivière, l'on voit nombre de villageois qui dansent à la porte d'un cabaret.

FRANCK (J.-B.).

18 — La Bataille de Mithridate.

GOLTZIUS (HENRY).

19 — L'Enfance et le Temps arrivent à la Mort.

HEEMSKERK.

20 — La Malencontreuse affaire.

DU MÊME.

21 — Le Marchand de galette.

DU MÊME.

22 — Le Crieur public.

DU MÊME.

23 — Le Marchand de lacets.

HOBBÉMA (Attribué à).

24 — Paysage avec moutons.

HOLSTEYN (Signé Corneille).

25 — Une Fête à Bacchus.

HUGTENBURG (D'après).

26 — Bataille.

JANSSENS (Corneille).

27 — Portrait d'homme avec une collerette.

LAIRESSE (Gérard de).

28 — Une Fête à Bacchus.

MAAS (Nicolas).

29 — Famille dans un parc.

DU MÊME (Attribué).

30 — Portrait d'un gentilhomme.

MICHAU (T.).

31 — Paysage orné de figures.

DU MÊME.

32 — Paysage avec chariots.

(Pendant du précédent.)

NAIVEU (Mathieu, signé 1705).

33 — *Les OEuvres de Miséricorde.*

La scène se passe dans la ville d'Amsterdam. Cette riche composition est animée d'un grand nombre de figures d'un fini précieux.

_{Nous avons tout lieu de penser que ce tableau est bien celui dont parle Descamps comme étant le chef-d'œuvre de ce maître dans son *Histoire des Peintres flamands et hollandais*.}

OSTADE (Attribué à Adrien).

34 — Les Musiciens ambulants.

DU MÊME.

35 — Paysans à leur porte, faisant danser un chien.

PALAMÈDES (Genre de).

36 — Concert vocal et instrumental.

— 8 —

REMBRANDT (Genre de).
37 — L'Enfant prodigue.

RUBENS (École de).
38 — Jésus chez les usuriers.

DU MÊME.
39 — Repos de la Sainte Famille.

RUYSDAEL (École de).
39 bis — Vue de Harlem.

SCHOEVAERTS (M.).
40 — Vue des bords du Rhin.

DU MÊME.
41 — Autre vue des bords du Rhin.
(Pendant du précédent.)

STEEN (J.).
42 — Scène d'intérieur.

TÉNIERS (David).
43 — Apparition d'un ange à la Madeleine.
(Pastiche, dans le goût de Paul Véronèse.)

DU MÊME. (Attribué.)
44 — Intérieur d'un corps de garde.

OSTADE (École de).

45 — Joueurs se querellant.

MOLYN (Le Vieux).

46 — Paysage traversé par une rivière, avec un pont sur le premier plan.

THULDEN (Théodore Van).

47 — Hercule et Omphale.

WOUVERMANS (Attribué à Ph.).

48 — Le Départ pour la chasse.

BERGHEM, en Italie (Attribué à).

49 — Paysage avec personnages.

ÉCOLE HOLLANDAISE.

50 — Les Joueurs de cartes.

MÊME ÉCOLE.

51 — Paysage avec cascades.

MÊME ÉCOLE.

52 — Paysage avec mare d'eau.

ÉCOLE FLAMANDE.

53 — Jeune fille tenant des fleurs.

ÉCOLE ALLEMANDE.

54 — La Madeleine.

MÊME ÉCOLE.

55 — Un Moine en prière.

École Italienne

ALBANE (École d').

56 — L'Enlèvement d'Europe.

CARLO DOLCI.

57 — Le Christ portant sa croix.

GIORDANO (Luca).

58 — Une Famille changeant de pays et conduisant son troupeau.

MARIESCHI (Jacopo).

59 — Vue de Venise, la Bibliothèque.

DU MÊME.

60 — Vue de l'Eglise et Palais ducal.

MICHEL-ANGE DES BATAILLES.

61 — Fruits divers.

MOLA (P.-F.).

62 — Saint Jean voyant approcher le Christ.

MURA (Francesco de), élève de Solimène.

63 — Les Israëlites recueillant la manne dans le désert.

DU MÊME.

64 — David dansant devant l'Arche sainte

DU MÊME.

65 — La Présentation au Temple.

DU MÊME.

66 — Saint Vincent de Paul soulageant les malheureux.

DU MÊME.

67 — Joseph recevant ses frères à la cour de Pharaon.

DU MÊME.

68 — Le Martyre de saint Étienne.

DU MÊME.

69 — Apparition du Christ à un saint.

DU MÊME.

70 — Apothéose d'un saint.
(Esquisse d'un plafond.)

DU MÊME.

71 — Sujet mythologique.
(Esquisse d'un plafond.)

DU MÊME.

72 — Catherine de Russie conquérant et enchaînant les peuples du Nord.
(Très-belle esquisse de plafond.)

RAPHAEL (École de).

73 — Buste de la sainte Vierge.

DU MÊME.

74 — La Vierge et l'Enfant Jésus.

RENI (Guido, Attribué à).

75 — Saint Sébastien.

RIBÉRA (dit l'Espagnolet).

76 — La Nativité.

TITIEN (École du).

77 — Vénus et l'Amour.

VOLTERRE (D'après Daniel de)

78 — La Flagellation du Christ.

ÉCOLE ITALIENNE.

79 — L'Enlèvement d'Europe.

École Française

BARON (Signé).

80 — Les Plaisirs de la pêche.

BOURDON (Sébastien).

81 — Fête en l'honneur du dieu Pan.

CHAPERON (Nicolas).

82 — Enfants effrayés par un masque.

GELLÉE (Attribué à Claude), dit le lorrain.

83 — Paysage, soleil couchant.

SCHOEVAERTS (Genre de).

84 — Port de mer.

GILLOT (Claude).

85 — Scène de mascarade.

LANCRET (Nicolas).

86 — Portrait d'une jeune femme.

— 14 —

DU MÊME (Attribué à).
87 — Concert dans un parc.

DU MÊME.
88 — La Main chaude.

LAURENT (Signé, 1814).
89 — La Fin du rocher.

LEBRUN (Charles, d'après).
90 — Le Calvaire.

MONNOYER (Jean-Baptiste).
91 — Bouquet de fleurs.

POUSSIN (Attribué à Nicolas).
92 — Armide vengeant Renaud.

SCHALL.
93 — Une Jeune femme debout devant une glace se pare d'un bouquet.

DU MÊME.
94 — Les Derniers apprêts de la toilette.
(Pendant du précédent.)

VALIN.
95 — Baigneuses au bord d'un bois.

DU MÊME.

96 — Même genre de composition.

(Pendant du précédent.)

WATTEAU (École de Antoine).

97 — Danse champêtre.

ÉCOLE FRANÇAISE.

98 — Le Repos de Diane.

MÊME ÉCOLE.

99 — Le Triomphe d'Amphitrite.

École Anglaise

GAINSBOROUGH (Thomas).

100 — Paysage, lisière d'un bois.

NYCK (Signé, J.).

101 — Chien chassant des canards dans un marais.

WILSON (Richard).

102 — Paysage avec cascades.

ÉCOLE ANGLAISE.

103 — Paysage, soleil couchant.

MÊME ÉCOLE.

104 — Jeune fille à la fontaine.
(Moderne.)

MÊME ÉCOLE.

105 — Portrait de jeune fille.
(Moderne.)

MÊME ÉCOLE.

106 — Paysage avec animaux.
(Moderne.)

MÊME ÉCOLE.

107 — Paysage avec moulin.
(Moderne.)

PORTRAITS HISTORIQUES
DE PERSONNAGES ANGLAIS.

108 — Marie, reine d'Écosse.
109 — Henri VIII, roi d'Angleterre.
110 — Le duc d'Essex.
111 — Le duc de Buckingham.
112 — Richard II, roi d'Angleterre.
113 — Edouard VI, roi d'Angleterre.
114 — Anne de Boulen.
115 — Portrait de femme. (Ovale).

www.ingramcontent.com/pod-product-compliance
Lightning Source LLC
Chambersburg PA
CBHW061619040426
42450CB00010B/2563